Ratgeber Rechenstörungen

Ratgeber Kinder- und Jugendpsychotherapie
Band 9
Ratgeber Rechenstörungen
von Dr. Claus Jacobs und Prof. Dr. Franz Petermann

Herausgeber der Reihe:
Prof. Dr. Manfred Döpfner, Prof. Dr. Gerd Lehmkuhl,
Prof. Dr. Franz Petermann

Ratgeber

Rechenstörungen

Informationen für Betroffene, Eltern, Lehrer und Erzieher

von Claus Jacobs
und Franz Petermann

HOGREFE · GÖTTINGEN · BERN · WIEN · TORONTO · SEATTLE · OXFORD · PRAG

Dr. Claus Jacobs, geb. 1967. Seit 2000 Wissenschaftlicher Mitarbeiter und seit 2005 stellvertretender Leiter der Psychologischen Kinderambulanz der Universität Bremen.

Prof. Dr. Franz Petermann, geb. 1953. Seit 1991 Inhaber des Lehrstuhls für Klinische Psychologie an der Universität Bremen; seit 1996 Direktor des Zentrums für Klinische Psychologie und Rehabilitation und Leiter der Psychologischen Kinderambulanz der Universität Bremen.

Bibliografische Information der Deutschen Nationalbibliothek

Die Deutsche Nationalbibliothek verzeichnet diese Publikation in der Deutschen Nationalbibliografie; detaillierte bibliografische Daten sind im Internet über http://dnb.d-nb.de abrufbar.

© 2007 Hogrefe Verlag GmbH & Co. KG
Göttingen · Bern · Wien · Toronto · Seattle · Oxford · Prag
Rohnsweg 25, 37085 Göttingen

http://www.hogrefe.de
Aktuelle Informationen · Weitere Titel zum Thema · Ergänzende Materialien

Umschlagabbildungen: © Getty Images, München
Illustrationen: Klaus Gehrmann, Boppard; www.elkenwelt.de
Satz: Beate Hautsch, Göttingen
Gesamtherstellung: Schlütersche Druck, Langenhagen
Printed in Germany
Auf säurefreiem Papier gedruckt

ISBN-10: 3-8017-1955-3
ISBN-13: 978-3-8017-1955-5

Inhalt

1 Kennen Sie das? 7

2 Woran erkenne ich Kinder mit einer Rechenstörung? 9

3 In welchem Alter wird eine Rechenstörung sichtbar? 13

4 Wie stellt man eine Rechenstörung fest? 13

5 Welche weiteren Probleme treten auf? 16

6 Wie entsteht eine Rechenstörung? 18

7 Wie verläuft die weitere Entwicklung? 20

8 Wie kann man helfen? 21

9 Wie können Eltern helfen? 24

10 Wie können Lehrer helfen? 26

11 Bestehen schulrechtliche Möglichkeiten? 27

12 Wie können sich Kinder und Jugendliche selbst helfen? 29

13 Wer führt die Therapie durch? 32

14 Was geschieht in der Therapie? 33

15 Wer zahlt eine Therapie? 36

16 Begutachtung: Was ist zu tun? 39

17 Kann man Rechenstörungen vorbeugen? 40

18 Liste von Fördermaterialien 41

19 Literaturhinweise 46

1 Kennen Sie das?

Jens, ein achtjähriger Junge, ist motorisch sehr unruhig, leicht reizbar und reagiert bei Misserfolgen schnell wütend. Er ist kein guter Schüler. Obwohl sich Jens sehr bemüht, macht er beim Schreiben und Rechnen viele Fehler. Das Einhalten von Linien und Rändern gelingt ihm beim Schreiben kaum. Beim Rechnen benutzt Jens die Finger und benötigt viel Zeit. In der Klasse ist er ein Außenseiter und die Klassenkameraden hänseln ihn, da er auch häufig an einfachen Rechenaufgaben scheitert und sich beim Lesen nur langsam und häufig fehlerhaft die Worte erschließen kann.

Schon in der ersten Klasse, zurzeit besucht Jens die ersten Wochen der dritten Klasse, fiel Jens dadurch auf, dass er sich Zahlen und ihre Beziehung zueinander nicht vorstellen konnte. Er hatte auch große Probleme mit dem Vorwärts- und Rückwärtszählen. Generell fehlte ihm die Vorstellung dafür, dass sich eine Menge aus Elementen zusammensetzt, die man zählen und miteinander vergleichen kann.

Jens hatte schon immer große Probleme damit, Dinge auswendig zu lernen und längere Zeit zu behalten. Ganz dramatisch wirkt sich dies beim Kopfrechnen aus, das seit kurzem in der Schule geübt wird. Hier bleibt Jens nichts anderes übrig, als die Ergebnisse zu erraten. Er kann sich gar nicht vorstellen, wie es die meisten seiner Klassenkameraden hinbekommen, blitzschnell und richtig im Kopf zu rechnen. Jens kommt sich in der Schule als Versager vor – zumal er auch im Lesen und Schreiben schlecht ist. Obwohl Jens seine Lehrerin sehr mag und diese ihm beim Lernen gezielt unterstützt, möchte er nicht mehr in die Schule gehen. Er träumt von einer Schule, in der man nicht rechnen muss und von Schülern, die Fehler machen dürfen und dafür nicht von ihren Kameraden gehänselt werden. In eine solche Schule würde Jens gerne gehen.

Susanne ist 12 Jahre alt und besucht die sechste Klasse einer Gesamtschule. Bereits in der vierten Klasse wurde bei ihr eine Aufmerksamkeitsstörung diagnostiziert. Dabei fiel es Susanne insbesondere schwer, ihre Aufmerksamkeit auf eine Aufgabe zu lenken und immer beim „Thema" zu bleiben. Beim Rechnen war das besonders schlimm; sie konnte sich nicht auf die Aufgaben konzentrieren und schon mit den Aufgaben anzufangen machte ihr große Mühe. Auch ließ sie sich insgesamt leicht ablenken. Wenn sie zwei Dinge gleichzeitig tun musste – etwa von der Tafel abschreiben und dabei zuhören, was der Lehrer erklärt –, war Susanne überfordert.

Susanne gelang das Lesen einer analogen Uhr (hier sind Winkel- und Raumlage-Einschätzungen der Zeiger notwendig) deutlich schlechter als das Lesen einer digitalen Uhr. Beim Schreiben waren die Buchstaben alle gleich groß und Linien und Ränder konnten nicht eingehalten werden. Mengen, Größen und Längen genauso wie Zeitabstände konnte Susanne nicht altersgemäß einschätzen. Susanne gelang auch das Orientieren auf dem Busfahrplan nicht. Diese Schwierigkeiten weisen auf eine visuell-räumliche Wahrnehmungsstörung hin.

Nach erfolgreicher Behandlung der Aufmerksamkeitsstörung sowie der visuell-räumlichen Wahrnehmungsstörung besserte sich das Zahlenlesen und Zahlenschreiben, das heißt Zehner und Einer wurden nicht mehr vertauscht. Auch das Abzählen vorwärts gelang nun altersgemäß.

Bei der erneuten Überprüfung der Rechenleistung ergab sich jedoch weiterhin die Diagnose einer Rechenstörung. Insbesondere gelang es Susanne noch nicht, die mengenmäßige Bedeutung einer Zahl zu erfassen. Auch zeigte sie weiterhin erhebliche Probleme beim Abzählen rückwärts, die sich auch in schlechten Leistungen beim Kopfrechnen von Subtraktionsaufgaben niederschlugen. Deutliche Defizite zeigten sich beim Kopfrechnen ebenfalls bei Multiplikationsaufgaben. Hier kam Susanne nur auf dem Wege der Addition zu Lösungen, die dann jedoch häufig fehlerhaft waren. Das schriftliche Rechnen hingegen gelang deutlich besser. Susanne hatte die Rechenprozedur auswendig gelernt, obwohl ein Verständnis darüber fehlte, warum die Rechenprozedur genau so durchzuführen ist. Ein Verständnis für das Stellenwertsystem, also dass der Wert einer Ziffer (etwa 3) innerhalb einer Ziffer, von der Stelle (Position) innerhalb dieser Zahl abhängt (etwa an der zweiten Stelle hat die Ziffer 3 den Wert dreißig), fehlte Susanne beinahe gänzlich.

Ein weiteres großes Problem stellte für Susanne das Lösen von Textaufgaben dar. Hier gelang es ihr nicht, die für die Lösung relevanten Fakten von den unwichtigen zu trennen. Auch konnte Susanne abstrakte Aufgabenstellung (etwa: Frau Müller geht zweimal zum Bäcker. Sie kauft drei Graubrote, ein Weißbrot und vier Schwarzbrote. Wie viele Brote hat sie insgesamt gekauft?) nicht lösen oder sie benötigte sehr viel Zeit dafür.

Zusätzlich zur Rechenstörung wurde bei Susanne eine Rechtschreibstörung diagnostiziert. Das Lesen gelang jedoch altersgemäß. Auf Grund ihrer bereits erzielten Therapieerfolge zeigte Susanne mittlerweile ein stabiles gutes Selbstwertgefühl und war sehr motiviert für weitere Therapieschritte. In ihrer Klasse war sie nun gut integriert. Sie hatte hier mehrere Freundinnen. Erfolge erzielte Susanne insbesondere auch durch ihren Reitsport.

2 Woran erkenne ich Kinder mit einer Rechenstörung?

Unter einer Rechenstörung, Rechenschwäche oder Dyskalkulie leiden Personen, die im Vergleich zum allgemeinen Leistungsniveau (häufig gemessen mit einem Intelligenztest) außergewöhnliche Probleme im Rechnen aufweisen. Dabei treten insbesondere Schwierigkeiten beim Zählen und/oder Einschätzen von Mengen auf. Erhöht man die Anforderungen, zum Beispiel beim Rechnen mit großen Zahlen oder beim Kopfrechnen werden diese Auffälligkeiten besonders deutlich. Die Auffälligkeiten dürfen nicht durch körperliche Krankheiten (z. B. Hör- und Sehfehler) oder eine mangelnde Förderung beziehungsweise Beschulung verursacht sein.

Kriterien einer Rechenstörung

- Die Rechenleistung ist deutlich schlechter als die der Klassenkameraden.
- Es besteht eine Diskrepanz zwischen der Rechenleistung und dem eigenen allgemeinen Leistungsniveau in der Schule.
- Die Defizite sind nicht auf Grund von Sinnesbehinderungen oder durch neurologische Defizite (etwa Epilepsie) erklärbar.
- Die Defizite sind nicht Folge einer emotionalen Störung oder einer anderen psychischen Störung.
- Die Defizite dürfen nicht aus einer unangemessenen Beschulung resultieren.
- Der Schüler ist nachhaltig durch die Defizite beeinträchtigt und leidet darunter.

Die konkrete Erscheinungsform der Rechenstörung kann von Schüler zu Schüler erheblich variieren, das heißt es ist nicht von einem typischen Fehlerprofil bei Schülern mit einer Rechenstörung auszugehen, vielmehr weist primär die Anzahl der Fehler auf das Vorliegen einer Rechenstörung hin.

Leider wird eine Rechenstörung in der Regel zu spät erkannt, wodurch die Erfolge einer Förderung gefährdet sind. Die meisten Kinder fallen erst in der dritten oder vierten Grundschulklasse auf, also zu einem Zeitpunkt, zu dem die spezifischen Schwächen von den Kindern kaum mehr durch eine vermehrte Anstrengung (z. B. Auswendiglernen) kompensiert werden

können. Spätestens zu diesem Zeitpunkt treten häufig die in Tabelle 1 zusammengestellten Fehler auf.

Tabelle 1:
Einige häufige Fehler von Kindern mit einer Rechenstörung.

Fehlendes Mengen- und Größenverständnis:	– Zahlen (dem Begriff „Sieben" z.B.) kann keine genaue Menge zugeordnet werden. – Arabischen Ziffern (z.B. „7") kann keine genaue Menge zugeordnet werden. – Überschlagsrechnungen gelingen nicht. – Unmögliche Rechenergebnisse werden nicht erkannt (keine Fehlerrückkoppelung).
Zählfehler:	– Abzählen von Gegenständen (z.B. von Bauklötzen) gelingt nicht. – Beim Vorwärtszählen werden Zahlen übersprungen, besonders bei Zehnerübergängen. – Beim Rückwärtszählen wird ins Vorwärtszählen gewechselt, Einer und Zehner werden ausgelassen. – Zählen in größeren Schritten (schon bei Zweierschritten) misslingt.
Übersetzungsfehler:	– Lautgetreues Schreiben diktierter Zahlen („vierhundertdreizehn" wird zu „40013"). – Fehler beim Lesen arabischer Zahlen („dreiundvierzig" wird zu „34"). – Verdrehen von Ziffern beim Schreiben arabischer Zahlen („98" wird zu „neunundachtzig").
Fehlendes Verständnis des Stellenwertplans:	– Die Ziffern von Zahlen werden willkürlich addiert, ohne den Stellenwert (also Zehner, Hunderter usw.) zu beachten. – Falsches Untereinanderschreiben beim schriftlichen Rechnen. – Die Stellen einer Zahl können nicht benannt werden: etwa Einer, Zehner, Hunderter.
Rechenfehler:	– Vertauschen von Rechenzeichen (statt 4 x 3 = 12, 4 + 3 = 12). – Fehler im Umgang mit der Null (3 : 3 = 0, 4 x 0 = 4, 15 + 0 = 0, die Null weglassen 90 – 6 = 3, die Null stehen lassen 90 – 6 = 30). – Der Wechsel eines Rechenzeichens wird missachtet: Es wird weiter „plus" gerechnet, auch wenn sich das Rechenzeichen nach einigen Aufgaben geändert hat.

Welche der in Tabelle 1 genannten Fehler auftreten, hängt stark vom Wissensstand und den bereits entwickelten Kompensationsstrategien ab. Meist bestimmen auch Begleitstörungen, wie die häufig gemeinsam mit der Rechenstörung auftretenden Lese-Rechtschreibstörungen (LRS), Störungen

11

der Aufmerksamkeit und visuell-räumliche Wahrnehmungs- oder Lern- und Merkfähigkeitsstörungen die Art und das Ausmaß der Fehler.

Die wichtigsten Begleitstörungen stellen Auffälligkeiten in der Aufmerksamkeit (vgl. Tabelle 2) und eine visuell-räumliche Wahrnehmungsstörung dar. Beide Auffälligkeiten werden im Fallbeispiel von Susanne auf Seite 7-8 in ihren Auswirkungen beschrieben.

Tabelle 2:
Komponenten der Aufmerksamkeit.

Aufmerksamkeits-steuerung	*Auffälligkeiten in der fokussierten Aufmerksamkeit* Das Kind ist nicht in der Lage, seine Aufmerksamkeit auf die ihm gestellten Aufgaben zu lenken. Es lässt sich leicht ablenken.
	Auffälligkeiten in der geteilten Aufmerksamkeit Das Kind zeigt sich bei Aufgaben, die eine parallele Reizverarbeitung verlangen, nahezu überfordert.
Aufmerksamkeits-kraft	*Auffälligkeiten in der Aktivierungsbereitschaft* Das Kind reagiert häufig erst auf mehrfaches Ansprechen. Orientierungsreaktionen verlangen stärkere Reize von außen als bei anderen Kindern. Häufig wirken diese Kinder verlangsamt und antriebsarm.
	Auffälligkeiten in der Daueraufmerksamkeit Das Kind kann nicht über längere Zeit bei einer Aufgabe dranbleiben, die langweilig ist. Die Kinder werden dann motorisch unruhig und/oder sacken in sich zusammen oder rutschen vom Stuhl.

Visuell-räumliche Wahrnehmungsstörung

Beim Vorliegen einer visuell-räumlichen Wahrnehmungsstörung erfassen Kinder die Position eines Objektes im Raum (Raumlage) nicht altersgemäß oder können diese nicht bestimmen. Auch die mentale Rotation (das Drehen eines Objektes in der Vorstellung) gelingt häufig nicht. Außerdem sind bei diesen Kindern die Einschätzungen von Längen, Größen, Abständen und Mengen aber auch Winkeln weitaus schlechter als bei ihren gleichaltrigen Mitschülern. Hinzu kommt, dass diesen Kindern bei der Konstruktion (etwa dem Abzeichnen) von visuell wahrgenommenen Inhalten (etwa einem Bild) teilweise so viele Fehler unterlaufen, dass von der Konstruktion nicht mehr auf den wahrgenommen Inhalt geschlossen werden kann.

3 In welchem Alter wird eine Rechenstörung sichtbar?

Die Rechenstörung wird häufig erst nach der zweiten Grundschulklasse offensichtlich, also zu einem Zeitpunkt, indem die Kinder im Zahlenraum über 100 rechnen müssen und die Anzahl möglicher Ergebnisse nicht mehr ohne weiteres auswendig gelernt werden kann. Weisen die Kinder jedoch sehr gute Lernvoraussetzungen auf, kann es ihnen gelingen auf Grund guter Gedächtnisleistungen (Auswendiglernen) und der Fähigkeit, sehr schnell Informationen aufzunehmen und zu verarbeiten, die spezifischen Defizite im Rechnen auszugleichen. Spätestens in der sechsten Klasse, also in der weiterführenden Schule, sind durch die gestiegenen Anforderungen im Fach Mathematik, die Defizite dann nicht mehr zu kompensieren. Dieser Entwicklungsverlauf verdeutlicht, dass durch die spezifischen kognitiven Fähigkeiten dieser Kinder ein idealer (frühzeitiger) Förderbeginn häufig versäumt wird.

Kinder mit einer Rechenstörung sind jedoch meistens schon im Kindergarten auffällig, da sie bereits zu diesem Zeitpunkt Spiele und Beschäftigungen vermeiden, wie etwa Memory, Malen, Legospielen, Kartenspiele, Würfelspiele, Puzzeln und Basteln. Da sich diese Kinder (im Spiel) nicht so gut Zählstrategien aneignen können und häufig zusätzlich Probleme in der visuellen Wahrnehmung bestehen, gelingen ihnen viele dieser Spiele nicht so gut wie ihren Alterskameraden. Es wäre von Vorteil, wenn Eltern und ErzieherInnen im Kindergarten, Spielneigungen von Kindern aufmerksam registrieren und auch diese „Spielvermeider" an solche Spiele heranführen beziehungsweise frühzeitig auf die Möglichkeiten einer Abklärung und frühen Förderung hinweisen.

4 Wie stellt man eine Rechenstörung fest?

Unter den Begriffen „Rechenstörung" oder „Rechenschwäche" versteht man eine umschriebene Beeinträchtigung von Rechenfertigkeiten, die sich im Grundschulalter in den Grundrechenarten Addition, Subtraktion, Multiplikation und Division zeigt. In der Regel werden die den Rechenschritten zu Grunde liegenden Konzepte nicht richtig verstanden, das heißt, das Kind kann zum Beispiel Aussagen wie

– „mehr oder weniger",
– „ein Vielfaches von" oder
– „ein Teil von einer Gesamtzahl" nicht einordnen.

Des Weiteren kann die Größe einer Menge nicht hinreichend erfasst und mit anderen Mengen verglichen werden. Es fällt auf, dass das Kind schlecht Mengen schätzen und Rechenergebnisse überschlagen kann. Eine Selbstüberprüfung der Rechenergebnisse findet in der Regel nicht statt. Völlig unmögliche Ergebnisse werden als solche nicht erkannt.

Für die Einschätzung, ob eine Rechenstörung vorliegt, ist unter anderem das Urteil der Lehrkraft (Klassenlehrer oder Fachlehrer in Mathematik) wesentlich. Häufig verdeutlicht der optische Eindruck, den eine Mathematikarbeit vermittelt die Problemlage eindrücklich (vgl. Abbildung 1). Der Lehrer kann nicht nur langfristig – im Vergleich zu den Mitschülern – das Leistungsniveau eines Kindes gut einschätzen, sondern auch sehr genau darüber Auskunft geben, wie der Schüler die Rechenaufgaben „anpackt", das heißt, welche Lern- und Problembearbeitungskriterien beherrscht und eingesetzt werden. Darüber hinaus kann er die Lernmotivation sowie die Mathe- und Schulangst des Kindes erkennen und einordnen. Der Lehrer und die Eltern können Hinweise darauf geben, wie stark die Note in Mathematik vom Notenbild insgesamt abweicht. Außerdem bieten sich Haus- oder Klassenarbeiten in Mathematik an, um Art und Häufigkeit der spezifischen Fehler zu analysieren (vgl. Lorenz, 2003; Simon, 2005).

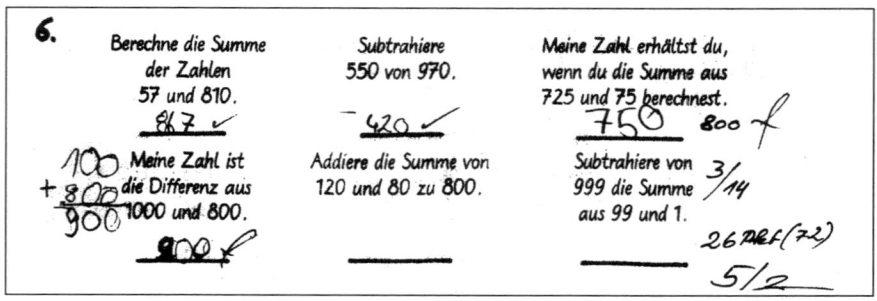

Abbildung 1:
Ausschnitt aus einer Mathematikarbeit eines Kindes mit Rechenstörung

Bei allen Entwicklungsstörungen schulischer Fertigkeiten, also auch der Lese-Rechtschreibstörung (LRS), geht man davon aus, dass nur in einem umschriebenen Bereich eine Leistungsschwäche vorliegt, das heißt, eine Diskrepanz zwischen dem allgemeinen schulischen Leistungsvermögen und der beeinträchtigten Fertigkeit besteht. Das allgemeine Leistungsvermögen wird in der Regel mit einem Intelligenztest (etwa Hamburg-Wechsler Intelligenztest in der vierten Auflage – HAWIK IV) und die Rechenleistung mit einem Rechentest (etwa Rechenfertigkeiten- und Zahlenverarbeitungs-Diagnostikum für die 2. bis 6. Klasse – RZD 2-6, nach Jacobs & Petermann, 2005) gemessen. Für die Erstellung der Diagnose müssen drei Voraussetzungen erfüllt sein:

- die erfasste Intelligenz muss über dem Punktwert von 70 liegen, das heißt, es darf keine geistige Behinderung bestehen,
- es muss ein relativ schlechtes Rechentestergebnis vorliegen und
- zwischen dem relativ höheren IQ-Wert und dem relativ niedrigeren Rechentestergebnis muss eine ausreichende Diskrepanz bestehen. Es darf also keine allgemeine Entwicklungsstörung (z. B. in Form einer Lernbehinderung) vorliegen.

Unter einem relativ schlechten Rechentestergebnis versteht man in der Regel, dass die Rechenleistung in einem Bereich angesiedelt ist, in dem sich die Leistungen der schlechtesten zehn Prozent der Schüler befinden.

Bei der Testung muss beachtet werden, dass man neu normierte Tests einsetzt, deren Normen nicht älter als acht bis zehn Jahre sind und es muss darauf geachtet werden, dass die Kinder konzentriert mitmachen und schlechte Ergebnisse nicht nur auf Konzentrationsproblemen beruhen.

Intelligenztests sind zwar zentral für die Feststellung der Diagnose „Dyskalkulie", dennoch muss beachtet werden, dass diese Befunde nur im Kontext aller Testergebnisse, der Verhaltensbeobachtung während der Testdurchführung und der schulischen Leistungen insgesamt bewertet werden dürfen. Hier kommt den Beobachtungen des Lehrers und seiner Bewertung im Hinblick auf die Motivation des Schülers eine besonders wichtige Rolle zu.

Der Einsatz eines Intelligenztests und eines Rechentests ist zwingend notwendig für die Diagnosestellung einer Rechenstörung. Da es jedoch zu einer Reihe von zusätzlich auftretenden Problemen etwa im Bereich der Aufmerksamkeit, des Gedächtnisses, der visuell-räumlichen Vorstellung und der Lese- und Rechtschreibleistung kommen kann, ist es häufig sinnvoll, weitere Tests zur Erfassung dieser möglichen Probleme einzusetzen.

Um Informationen über das Verhalten und mögliche emotionale Probleme des Kindes zu erlangen, sollten auch Lehrer- und Elternfragebögen verwendet werden.

5 Welche weiteren Probleme treten auf?

In diesem Zusammenhang kann man verschiedene Gruppen von Problemen unterscheiden:
a. Probleme, die vor oder zeitgleich mit der Rechenstörung auftreten,
b. Leistungsprobleme im schulischen Bereich, die nicht nur das Fach Mathematik betreffen und
c. psychosoziale Folgen, die sich auf Grund einer bestehenden Rechenstörung über Jahre herausbilden.

Zu (a): Am deutlichsten konnten Zusammenhänge mit einer Aufmerksamkeitsstörung, einer Lese-Rechtschreibstörung und einer visuell-räumlichen Wahrnehmungsstörung nachgewiesen werden. So treten bei Kindern mit Aufmerksamkeitsproblemen Rechenstörungen beinahe doppelt so häufig auf wie bei Kindern ohne Aufmerksamkeitsprobleme. Etwa die Hälfte der Kinder mit einer Rechenstörung hat auch eine Lese-Rechtschreibstörung. Zusätzlich finden sich gehäuft Beeinträchtigungen in der Fähigkeit, sich Gesehenes oder Gehörtes unmittelbar zu merken (Arbeitsgedächtnis). Vermutlich sind solche Probleme, die sowohl bei Lese- und Rechtschreibstörungen und bei Rechenstörungen auftreten, die Ursache dafür, dass beide Schulleistungsstörungen gehäuft gemeinsam auftreten. Allerdings sollte immer auch berücksichtigt werden, dass bei Kindern, die sowohl im Lesen und Schreiben als auch im Rechnen Probleme haben, keine allgemeine schulische Überforderung auf Grund einer Intelligenzminderung vorliegt.

Zu (b): Der Umgang mit Zahlen und Mengen findet sich bei schulischen Lerninhalten mit fortschreitendem Schulbesuch in fast allen Fächern wieder. In den Naturwissenschaften (Physik, Chemie, Biologie) genauso wie bei der Einordnung von historischen Ereignissen. Daher kann es auch in diesen Unterrichtsfächern zu Lernproblemen und zu einer schlechteren Benotung in den genannten Fächern kommen.

Zu (c): Die Folgen schlechter Rechenleistungen illustriert Abbildung 2, wobei verdeutlicht wird, dass Versagens- und Schulängste im Mittelpunkt stehen.

16

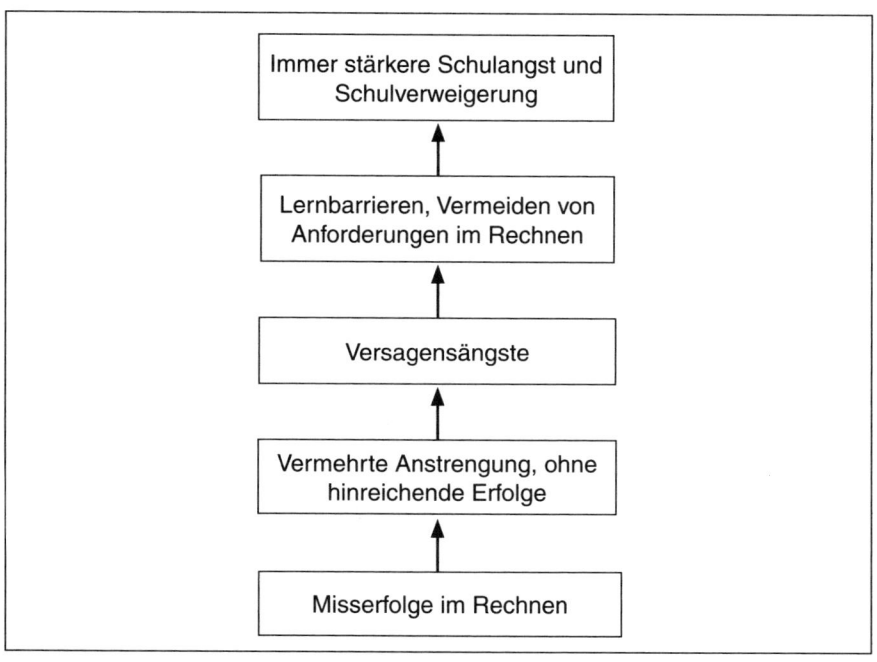

Abbildung 2:
Folgen schlechter Rechenleistungen.

In Abbildung 2 sind einige Schritte zu sehen, die zu einer Leidensgeschichte beitragen, die über vermehrte Anstrengung (ohne hinreichende Erfolge), den sich dann einstellenden Versagensängsten, dem Vermeiden von Anforderungen im Rechnen bis zu immer stärkerer Schulangst und Schulverweigerung führen. Diese Probleme können sich als so folgenschwer erweisen, dass sie eine verhaltenstherapeutische Behandlung begleitend oder sogar vorangehend erforderlich machen.

6 Wie entsteht eine Rechenstörung?

Rechenfähigkeiten bilden sich schrittweise und häufig schon in der Kindergartenzeit aus. So entwickeln Kinder schon früh die Fähigkeit, kleine Mengen zu erfassen und zu zählen. Im Alter von zwei Jahren zählen Kinder Körperteile wie Nase, Finger, Ohren usw. Obwohl bei Fünfjährigen die Zählfähigkeit nicht über 20 hinausgeht, gelingt es ihnen trotzdem, Zahlwörter (auch bei größeren Mengen) richtig zu verwenden. Im Alter von sechs Jahren wechseln Kinder allmählich von einer Zähle-Alles-Strategie zu einer Aufzähl-Strategie.

Studien zeigen, dass man mit dem mengen- und zahlbezogenen Vorwissen am besten die Rechenleistungen am Ende der ersten Grundschulklasse vorhersagen kann. Diese spezifischen Vorläuferfähigkeiten sind auch noch am

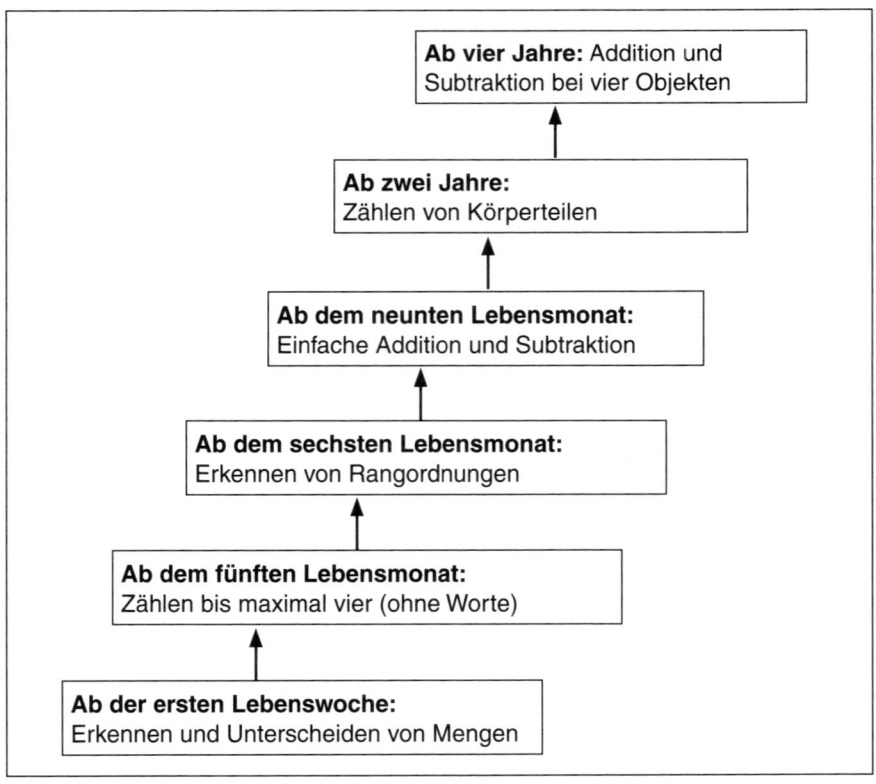

Abbildung 3:
Stufen der frühen Entwicklung von Rechenfertigkeiten

18

Ende der Grundschulzeit bedeutsam für die Qualität der Rechenleistung. Ob und in welcher Form das räumliche Vorstellungsvermögen die Rechenleistungen bestimmen, wird kontrovers diskutiert. Die visuell-räumliche Wahrnehmung ist vermutlich ein unspezifischer Faktor, der die Entwicklung von Rechenfertigkeiten unterstützt.

Neuere Ergebnisse weisen darauf hin, dass grundlegende Fähigkeiten im Umgang mit Mengen angeboren sind (vgl. Abbildung 3).

Mit dem Erwerb der Sprache lernen die Kinder auch Zahlwörter. Diese werden zunächst als zusammenhängende Kette (Dreivierfünfsechs) auswendig gelernt. Erst später lernt das Kind, zwischen Zahl- und Nichtzahl-Wort zu unterscheiden. Meist beginnen die Kinder im Alter von zwei Jahren mit dem Zählen von Körperteilen (etwa zwei Hände, zwei Augen, zwei Ohren, eine Nase, fünf Finger an jeder Hand). Dabei erarbeitet sich das Kind bis zum Schuleintritt ein tieferes Verständnis der Zählprinzipien (vgl. Tabelle 3).

Tabelle 3:
Zählprinzipien

Stabilität der Zahlwortreihe	– Die Reihenfolge, in der gezählt werden darf, ist invariant (drei zwei vier ist nicht erlaubt).
Eins-zu-Eins-Zuordnung	– Jedem Objekt wird genau eine Zählzahl zugeordnet. Dieses Prinzip ist beim Abzählen von Mengen erforderlich.
Kardinalität	– Das zuletzt genannte Zählwort bezeichnet neben dem zuletzt gezählten Objekt auch die Anzahl der Elemente der gezählten Menge.
Anordnungsbeliebigkeit	– Die Reihenfolge, in der die Objekte gezählt werden, ist unerheblich, solange alle vorgenannten Prinzipien eingehalten werden.
Abstraktionsprinzip	– Jede Menge ist abzählbar, auch Zahlmengen, damit werden Addition und Subtraktion auf dem Zählwege möglich.

Mit Hilfe von Zählstrategien (häufig mit den Fingern) gelingt es bereits vier Jahre alten Kindern Subtraktions- und Additionsaufgaben im Zahlenraum bis vier zu lösen. Die beschriebenen Fähigkeiten bilden die Basis für komplexere Fähigkeiten, die bereits im Kindergartenalter beobachtet werden können. Rechenstörungen können entstehen, wenn die in Abbildung 3 skizzierten frühen Entwicklungsstufen nicht durchlaufen werden. Nicht selten führen Sprachstörungen zu einem verspäteten Zählerwerb oder einem fehlerhaften Zählen. Es wird vermutet, dass sich Faktenwissen (etwa 3 + 3 = 6) erst durch die wiederholte Übereinstimmung von Ergebnissen einer Rechenaufgabe aufbaut. Fehler bei Zählprozessen können so dazu führen, dass die Kinder kein ausreichend sicheres Faktenwissen aufbauen und sich in der Folge vom Rechnen mit den Fingern nicht lösen.

7 Wie verläuft die weitere Entwicklung?

Die Stabilität der Störung ist sehr ausgeprägt, besonders wenn auch eine Lese-Rechtschreibstörung vorliegt. Schwache Rechenleistungen bleiben bis in die Oberstufe hinein bestehen. Einzelne Studien zeigen, dass sich eine präventive Förderung deutlich positiv auf den Rechenerwerb auswirkt. Da die meisten Rechenstörungen jedoch erst in der dritten oder vierten Klasse diagnostiziert werden und die Kinder dann erst eine Förderung erhalten, dürfte hier zukünftig ein großer Handlungsbedarf bestehen. Häufig stellt sich dann in der Diagnostik heraus, dass gerade in dem Bereich Defizite auftreten, die präventiv behandelt hätten werden können. So zeigt sich bei dem oben dargestellten Fallbeispiel (Susanne; 6. Klasse, 12 Jahre) ein deutliches Defizit im Mengenwissen, das wesentlich dafür verantwortlich ist, ob Kinder den in der Schule zu erlernenden arabischen Ziffern einen semantischen Gehalt zuordnen können.

Die späte Diagnosestellung führt auch dazu, dass sich bei von Rechenstörungen betroffenen Kindern häufig schon ungünstige oder auch falsche Rechenstrategien verfestigt haben. Auch kommt es durch die bereits erlebten vielen Misserfolgserlebnisse häufig bereits zur Resignation und/ oder massiven Mathematikängsten oder massiven Ängsten, die sich auf die Schule allgemein beziehen. Eine Rechenstörung tritt fast nie ohne Begleiterkrankungen auf. Diese Begleiterkrankungen verlängern die Therapiezeit zusätzlich. In der klinischen Praxis zeigt sich, dass nicht oder sehr spät diagnostizierte oder behandelte Rechenstörungen
- häufig einer längeren Therapie bedürfen,
- durch mehrere Folgestörungen begleitet werden und
- nicht selten zu insgesamt – verglichen mit dem allgemeinen Leistungsvermögen – schlechteren Schulleistungen oder einem niedrigerem Schulabschluss führen.

Zu chronischen Verläufen bei der Rechenstörung kommt es insbesondere dann, wenn zusätzlich eine Aufmerksamkeitsstörung, eine Lese-Rechtschreibstörung, eine niedrige Intelligenz und/oder ein sozial benachteiligtes familiäres Umfeld vorliegen.

8 Wie kann man helfen?

Grundlegend für eine angemessene Dyskalkulie-Therapie ist eine hinreichend umfassende Diagnostik. Nicht selten müssen auch Begleitstörungen (etwa eine Aufmerksamkeitsstörung, siehe das Fallbeispiel Susanne auf Seite 7-9) im Therapieverlauf mit berücksichtigt werden. Dabei kann man sich den Rechenerwerb als ein Gebäude vorstellen, das auf mehreren Pfeilern ruht (vgl. Abbildung 4). Welche und wie viele dieser Pfeiler beeinträchtigt sein müssen, damit es zu einer Rechenstörung kommt, ist bisher noch nicht geklärt. Vielmehr scheint es so zu sein, dass sich sehr starke individuelle Unterschiede zeigen. So stellt das Vorliegen einer Aufmerksamkeitsstörung sicherlich einen Risikofaktor für die Entstehung einer Dyskalkulie dar. Aber nicht alle Kinder mit einer Aufmerksamkeitsstörung entwickeln eine Dyskalkulie. Liegen Störungen in den als Pfeiler dargestellten Funktionen vor, so hat es sich in der Praxis als nützlich erwiesen, diese Beeinträchtigungen zuerst zu behandeln. Dem liegt die Überlegung zu Grunde, dass dann bei der späteren Therapie auf diese Funktionen zurückgegriffen werden kann. Ein Therapiestillstand, der auf das Fehlen dieser Funktionen zurückzuführen ist, wird dann vermieden. Allerdings zeigt sich in der Praxis auch, dass die Behandlung dieser Pfeilerfunktionen nur selten direkt die Rechenleistung verbessert.

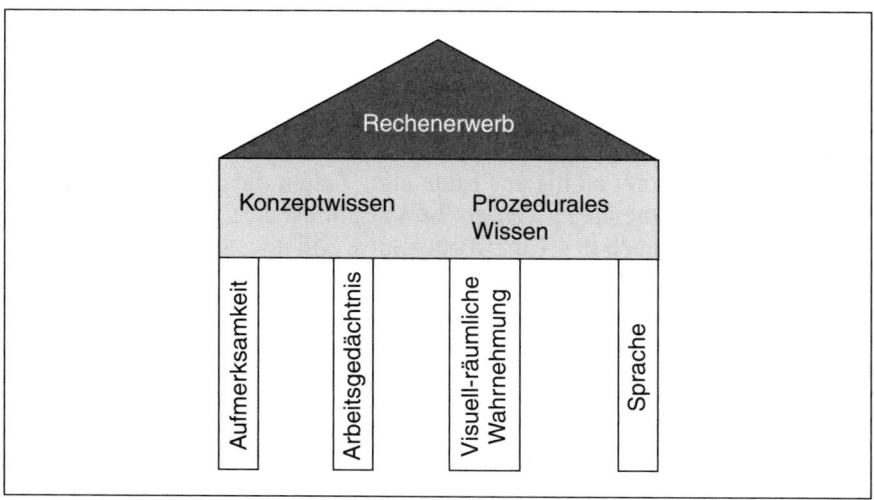

Abbildung 4:
Gebäude des Rechenerwerbs

Einige Dyskalkulie-Therapeuten kommen zu dem nahe liegenden Schluss, dass man Rechnen durch Rechnen lernt. Kontrovers wird diskutiert, ob dabei zunächst
– das *Konzeptwissen* – also warum etwas so gerechnet wird, wie es gerechnet wird – oder
– das *Prozedurale Wissen* – also wie etwas gerechnet wird – angegangen werden muss.

In der Praxis haben die Autoren dieses Ratgebers den Eindruck gewonnen, dass Kinder mit einer Rechenstörung gehäuft davon profitieren, zu wissen, warum eine Regel besteht, sofern diese Erklärung kindgerecht gegeben wird. Bei einer solchen Erklärung geht es also nicht zwingend um mathematisch-logische, historisch einwandfreie Erläuterungen, sondern um eine für das Kind sinnstiftende. So bietet die Geschichte im folgenden Kasten eine für das Kind sinnstiftende Erklärung, warum die Einer vor den Zehnern genannt werden.

Die Geschichte von den verschlafenen Zehnern

In Numberland lebte einmal ein Kaiser der viele Zahlenvölker sein Eigen nannte. Da gab es die stolzen Tausender, die kühlen Hunderter und die fixen Einer und viele mehr. Zu Ehren seines neunundneunzigsten Geburtstags hatte der Kaiser zu einer Feier auf dem Meer eingeladen. Jedes seiner Völker hatte dafür ein Schiff zur Verfügung gestellt bekommen. Zuerst würden die Tausender kommen, dann die Hunderter und immer der Größe nach weiter. Der Kaiser begrüßte jedes seiner Völker, indem er es laut ausrufen ließ. Als nun die Reihe an die Zehner kam, waren diese – wie schon so häufig – wieder mal zu spät. Sie hatten verschlafen. Darüber ärgerte sich der Kaiser so sehr, das er ein Gesetz erließ, dass von jetzt an bis ans Ende aller Zeiten die Zehner zur Strafe die zuletzt genannten sein werden. So kommt es, dass bis zum heutigen Tage die Zehner nach den Einern genannt werden.

Grundsätzlich gilt, dass bei der Dyskalkulie-Therapie zunächst mit konkreten Gegenständen, dann mit anschaulichen Bildern und schließlich mit symbolischem Material (abstrakten Zahlen) gerechnet werden sollte. Dabei sollten die verschiedenen Ebenen miteinander verknüpft werden. Das laute Mitsprechen der Lösungsschritte (kognitives Modellieren, vgl. Kasten) kann dabei helfen, die Denkwege des Kindes zu verstehen und korrekte Rechenprozeduren sicher zu erlernen. Gleichzeitig kann so eine Selbstüberprüfung und Selbstverstärkung eingeübt werden. Grundsätzlich sollte an der Nullfehler-Grenze entlang therapiert werden. *Das Kind sollte also gefordert sein, ohne überfordert zu werden.* Es hat so die Möglichkeit, Erfolgserlebnisse zu erzielen und darüber sein Selbstwertgefühl zu steigern beziehungsweise ungünstige Überzeugungen (etwa: „Ich kann sowieso kein Mathe!") zu verändern.

Kognitives Modellieren bei der Addition

1. Ich zeige dir einmal, wie ich diese Aufgabe lösen würde.
2. Ich nehme mir Zeit, die Aufgabe genau anzuschauen.
3. Ich bleibe ganz ruhig.
4. Ich achte besonders auf das Rechenzeichen! Es ist ein „+", also muss ich „plus" rechnen.
5. Nun schaue ich mir die ganze Aufgabe an: 43 + 25.
6. Ich rechne zuerst die Zehner dazu 43 + 20 = 63.
7. Die 63 merke ich mir.
8. Jetzt rechne ich die Einer dazu 63 + 5 = 68.
9. Ich gucke noch mal nach, ob ich alles richtig gerechnet habe.
10. Ich habe „plus" gerechnet, das ist richtig. Ich überprüfe die Rechnung – stimmt auch. Das habe ich gut gemacht.

Welchen Umfang die Dyskalkulie-Therapie haben sollte und welche Therapieschritte nötig sind, ist für jedes Kind gezielt zu entscheiden. Als mögliche Schritte kommen in Betracht:
– *Förderung von Basiskompetenzen*
  (etwa durch: Klassen bilden und erkennen, Gruppieren bzw. Ordnen, Reihenfolgen bilden, Erfassung von Mengen, Größen und Längen).
– *Vermitteln des semantischen Gehalts von Zahlen also ihrer mengenmäßigen Bedeutung*
  (etwa durch: Mengen-Zahl-Zuordnung, Messen und Ordnen von Alltagsgegenständen, Bestimmen der Position in einer Reihe, Umgang mit dem Zahlenstrahl, Übungen zur Mengeninvarianz bzw. Mengenkonstanz).
– *Vermitteln von Konzeptwissen*
  (etwa: Wieso heißt das Zehnersystem Zehnersystem? Was ist der Unter-

schied zwischen Zahl und Ziffer? Wozu brauchen wir eine Null? Was darf ich mit Rechenzeichen tun?).

- *Erwerb von Zählstrategien*
  (etwa: einer, zweier, dreier... Schritte).
- *Lernen und Automatisieren der Zahl- bzw. Zehnerzerlegung/Partnerzahlen*
  (8 und 2, 6 und 4).
- *Rechnen ohne Zehnerüber- bzw. Zehnerunterschreitung Erlernen und Automatisieren*
  (Zahlenraum bis 20 Addition und Subtraktion später Erweitern des Zahlenraums bis 100).
- *Rechnen mit Zehnerüber- bzw. Zehnerunterschreitung Erlernen und Automatisieren*
  (Zahlenraum bis 20 Addition und Subtraktion später Erweitern des Zahlenraums bis 100).
- *Rechnen mit Platzhalter- oder Ergänzungsaufgaben*
  (etwa: ___ + 15 = 24).
- *Erwerb von Multiplikations- und Divisionsfertigkeiten*
- *Rechnen im Zahlenraum bis 1000*
- *Schriftliches Rechnen*
- *Rechnen im Zahlenraum über 1000*

9 Wie können Eltern helfen?

Ihnen als Eltern kommt in mehrfacher Weise eine wichtige Rolle zu: Auf der einen Seite sind Eltern bei Kindern im Grundschulalter die wichtigste Bezugsperson und müssen ihrem Kind beistehen und es im Kontext der schulischen Förderung unterstützen, ohne seine Eigenständigkeit und Entwicklungsmöglichkeiten zu beschneiden.

Viele Eltern sind zunächst über die schlechten Rechenleistungen ihrer Kinder überrascht und bedrückt. Sie wollen, da sie die Bedeutung der Schule für die späteren Chancen im Beruf als bedeutsam einschätzen, für die Schule üben. Bevor Eltern zur „Selbsthilfe" greifen, sollten sie prüfen, welche Fehler ihr Kind im Rechnen macht, welche Aufgaben noch gut gelöst werden und wie sehr und wie lange sich ihr Kind mit den Aufgaben für das Fach Mathematik pro Tag beschäftigt. Meist zeigt das Kind bereits schon längere Zeit schlechte Leistungen und die Eltern beginnen, den aktuellen Stoff aus dem Mathematikunterricht zu üben. Ob dies sinnvoll ist, muss jedoch kritisch – im Regelfall von Experten – überprüft werden.

Ein Wesenszug des Faches Mathematik besteht darin, dass die Inhalte hierarchisch aufeinander aufbauen. Sobald ein Kind zuviel von den Grundlagen „verpasst" hat, der aktuelle Stoff diese Grundlagen nicht mehr vermittelt, jedoch die Aufgabenbearbeitung diese Kenntnisse voraussetzt, muss ein gezieltes Förderprogramm realisiert werden. Prinzipiell ist auch hier eine Mitarbeit der Eltern erwünscht, jedoch muss ein Üben mit dem Kind bestimmte Prinzipien beachten (vgl. Kasten).

Üben mit einem rechenschwachen Kind: Tipps für Eltern

1. Üben Sie maximal 15 bis 20 Minuten pro Tag, respektieren Sie Schulferien und Wochenenden.

2. Üben Sie mit dem Kind in einer angenehmen Atmosphäre und halten Sie die Übungszeiten ein.

3. Versuchen Sie, sich ein Bild davon zu machen, wo die Defizite beim Rechnen liegen; versuchen Sie, die Rechenschritte Ihres Kindes nachzuvollziehen.

4. Prüfen Sie, welchen Stoff Ihr Kind nicht oder falsch verstanden hat.

5. Üben Sie an der Null-Fehlergrenze, also solche Aufgaben, die Ihr Kind höchstwahrscheinlich noch gut lösen kann.

6. Rückmeldungen zu den erzielten Rechenvorgängen sind für Ihr Kind dann besonders wertvoll, wenn nicht nur das Ergebnis bewertet wird, sondern auch von Ihnen mitgeteilt wird, ob und warum der vom Kind eingeschlagene Lösungsweg falsch oder richtig war.

7. Erklären Sie Rechenschritte kindgemäß und vergewissern Sie sich durch Nachfragen, ob Ihr Kind sie verstanden hat.

8. Eine Lösung gilt erst dann als korrekt, wenn das Kind auch den gewählten Lösungsweg nachvollziehbar beschreiben kann.

9. Kritisieren Sie Ihr Kind nicht, wenn es sich Ihrer Meinung nach nicht genügend anstrengt oder nicht die Lösung findet. Häufig ist diese „Passivität" dadurch begründet, dass Ihr Kind einfach nicht weiß, was es machen soll.

10. Vielfach muss Ihr Kind auch bei einfachen Aufgaben viel Energie einsetzen, allein schon deshalb, weil es sehr umständliche Lösungswege wählt. Aus diesem Grund darf zunächst nicht die Rechengeschwindigkeit im Mittelpunkt der Bewertung stehen.

11. Verdeutlichen Sie Ihrem Kind, welche Fortschritte es bereits erzielt hat und loben Sie es dafür deutlich und wiederholt. Ein Lob sollte

nicht monoton sein, also sollten Sie sich eine Reihe von Worten zum Loben zurechtlegen (prima, klasse, hervorragend, super, ausgezeichnet, Spitze, extra Sahne, aber auch im jugendlichen Sprachgebrauch: fett, hypergalaktisch, krass).

12. Formulieren Sie zwischen den Aufgaben noch einmal klar und erkennbar, was geübt wurde, was das Wichtigste daran war und was gut und was schlecht lief.

13. Haben Sie keine Scheu. Wenden Sie sich bei starken Hausaufgabenkonflikten oder ausgeprägten Defiziten beziehungsweise bei Verdacht auf andere Beeinträchtigungen (etwa einer Aufmerksamkeitsstörung) an eine dafür ausgewiesene Fachkraft (etwa einen Lerntherapeuten (FiL), einen Kinder- und Jugendlichenpsychotherapeuten oder einen Kinder- und Jugendpsychiater).

14. Informieren Sie sich darüber, welche Förderangebote die Schule Ihrem Kind anbieten kann und wer diese Förderstunden durchführt.

10 Wie können Lehrer helfen?

Wie schon erwähnt, fallen die meisten Kinder erst in der dritten oder vierten Grundschulklasse durch schlechte Rechenleistungen auf und zu diesem sehr späten Zeitpunkt beginnt dann die schulische Förderung. In manchen Bundesländer bestehen für diese Kinder spezielle Förderrichtlinien (vgl. Kasten auf Seite 28). Diese Richtlinien (Erlasse, die von den Kultusministerien angefordert werden können) regeln auch, ob eine Notenbefreiung möglich ist. Prinzipiell ist eine solche Notenbefreiung in der Grundschule im Fach Mathematik sinnvoll. Aber auch in ande-

ren Fächern (etwa Physik, Biologie, Chemie) sollte die Rechenstörung bei der Benotung entsprechend berücksichtigt werden, wenn rechnerisches Wissen zur Lösung von Aufgabenstellungen vorausgesetzt wird. Der Leistungsdruck, der auf den Schülern lastet, kann so reduziert werden. In der Regel liegt nämlich das Leistungsvermögen der betroffenen Schüler ein bis zwei Klassenstufen unter den schulischen Anforderungen.

Eine schulische Förderung sollte von einer speziell dafür ausgebildeten Lehrkraft erfolgen. Dieser sonderpädagogischen Lehrkraft stehen verschiedene Formen der Förderung zur Verfügung. Neben einer Förderung im Klassenverband könnten
– Angebote in Kleingruppen (so genannte Förderklassen) und
– Einzelförderung (Einzeltherapie)
erfolgen.

Die Zuweisung wird über ein sonderpädagogisches Gutachten (Förderdiagnostik) geregelt. Auch während der Maßnahme werden die Fortschritte dokumentiert und eine detaillierte Fehleranalyse der Rechenleistung erstellt. In diesem Zusammenhang werden die Schüler aufgefordert durch „lautes Denken", die Zwischenschritte ihrer Rechenoperationen mitzuteilen.

11 Bestehen schulrechtliche Möglichkeiten?

Unzweifelhaft sind Leistungen im Fach Mathematik entscheidend für den Verlauf der Schullaufbahn. Diese Tatsache steht zurzeit im Missverhältnis zu den schulischen Fördermöglichkeiten, die vor allem durch eine unzureichende schulrechtliche Regelung erschwert werden. In Deutschland regelt jedes Bundesland mit eigenen Verwaltungsvorschriften oder Erlassen, wie schulische Schwierigkeiten geregelt werden. Nur wenige Länder haben Förderrichtlinien veröffentlicht, die Kinder mit Rechenstörungen explizit berücksichtigen. Ausnahmen stellen etwa die Bundesländer Niedersachsen und Thüringen dar, wo eine allgemeine Förderung im Klassenverband als grundlegendes Angebot empfohlen wird. Reicht eine solche Förderung im Klassenverband nicht aus, können besondere Angebote notwendig sein. Art und Umfang hängen vom jeweiligen Einzelfall ab (vgl. Kasten).

Auch für Schüler mit besonderen Schwierigkeiten im Rechnen gelten in der Regel die üblichen Maßstäbe zur Leistungsbewertung. Ausnahmen – zum Beispiel im Bundesland Niedersachsen – sind bei Rechenstörungen nur in der Grundschule zulässig.

Alle schulischen Fördermaßnahmen verfolgen das Ziel, den Kindern
– eigene Stärken im Lernen bewusst zu machen und an diesen anzusetzen,
– Erfolgserlebnisse zu ermöglichen,
– die Lernmotivation zu fördern,
– Lernstrategien und Arbeitstechniken zu vermitteln und
– Verhaltensweisen einzuüben, um mit den vorhandenen Fähigkeiten und Fertigkeiten die schulischen Anforderungen besser bewältigen zu können (vgl. Amtsblatt des Thüringer Kultusministeriums 7/1998, Gz.: 2B2/51570).

Da die meisten Bundesländer keine speziellen Regelungen für Schüler mit Rechenstörungen beschlossen haben, sollten betroffene Eltern für ihre Kinder mit der jeweiligen Schulleitung einen Weg finden, den spezifischen Förderbedarf ihres Kindes zu realisieren. Prinzipiell lassen sich auf dem Hintergrund der Empfehlung der Kultusministerkonferenz vom Dezember 2003, in der die *Grundsätze zur schulischen Förderung* formuliert wurden, Lösungen finden.

Allerdings zeigt sich in der alltäglichen Praxis häufig ein deutlicher Unterschied zwischen dem, was per Erlass verfügt wurde und dem, was tatsächlich angeboten wird. Vielfach wurde uns von betroffenen Eltern berichtet, dass die zur Förderung eingesetzten Lehrer mit dem Störungsbild Dyskalkulie wenig oder nicht vertraut waren oder dass im Förderunterricht einfach noch einmal der selbe Schulstoff wie im Regelunterricht durchgenommen wurde. In diesen Fällen sollten sich die Eltern zunächst mit der Schulleitung und gegebenenfalls mit dem Kultusministerium direkt in Verbindung setzen. Ist eine innerschulische Lösung nicht möglich, dann sollte die Förderung externen Einrichtungen (zertifizierten Lerntherapeuten) übertragen werden.

12 Wie können sich Kinder und Jugendliche selbst helfen?

In der Schule in einem so zentralen Fach wie Mathematik keine Erfolge vorweisen zu können, legt für viele davon betroffene Kinder und Jugendliche den Schluss nahe, dass sie offensichtlich „dumm" sind (vgl. Kasten). Die Kinder erleben im Umgang mit Gleichaltrigen und manchmal auch im Umgang mit Lehrkräften massive Demütigungen und Hänseleien.

Bewältigungsprobleme aus der Sicht eines Kindes

„Ich habe mich viel mehr angestrengt als die anderen Kinder in meiner Klasse, aber ich verstehe das einfach nicht mit dem Rechnen. Mama und Papa sagen dann immer, dann musst du eben mehr üben. Aber ich übe doch schon so viel. Ich habe überhaupt keine Zeit mehr zum Spielen. Und was passiert? Ich schreibe immer wieder eine Fünf oder Sechs. Das bringt doch alles nichts, da kann ich auch gleich gar nichts tun. Ich bin sowieso zu blöd für Mathematik, da kann man eben nichts machen. Das muss die Lehrerin doch auch sehen, wieso nimmt die mich dann immer wieder dran und die anderen lachen dann auch noch immer über mich. Die sollen mich doch einfach alle in Ruhe lassen. Am liebsten würde ich da nicht mehr hingehen."

Aus diesem Grund muss das Kind altersangemessen über die Störung aufgeklärt werden. Die mit dieser altersangemessenen Aufklärung verbundenen Informationen müssen wahrheitsgemäß, aber auch kindgerecht erfolgen und werden in der Regel das Kind nicht erfreuen. Bei der Aufklärung muss dem Kind erläutert werden, dass es sich bei der Rechenstörung um eine stabile Beeinträchtigung handelt und in jeder Schulklasse ungefähr zwei Kinder davon betroffen sind.

Dem Kind sollte verdeutlicht werden, dass man durch diese Beeinträchtigung das Rechnen anders erlernen muss als die übrigen Klassenkameraden und dass man für diesen Lernweg mehr Zeit braucht. Durch den Experten erfährt das betroffene Kind auch, dass ab jetzt Zuversicht besteht, gemeinsam mit den Eltern und der Schule das Problem zu lösen. Auf jeden Fall wird dem Kind bestätigt, dass es zwar anders und in kleineren Schritten lernt als die übrigen Klassenkameraden, aber nicht dümmer als diese ist.

Durch neue Zuversicht und ein spezifisch auf das Kind abgestimmtes Förderprogramm wird das Kind allmählich Erfolge erleben und durch diese

---

Beispiel: Werder-Gewinnvertrag für ein Kind mit Rechenstörungen

Werder-Gewinnvertrag

1. Gewinnchance

Pünktliches Anfangen
– Trainingsbeginn ist werktäglich 14.30 Uhr, außer Donnerstag um 14.00 Uhr.
– Bei Mama und bei Marvin steht ein Wecker. Der bei Marvin klingelt um 14.25, der von Mama um 14.30 Uhr.
– Mama stellt die Wecker.
– Gewonnen hat Marvin, wenn er vor dem Klingeln der Eieruhr am Tisch sitzt. Danach wird nicht wieder aufgestanden, sondern angefangen.

2. Gewinnchance

Versäumnis der Mutter
– Stellt Mama den Wecker oder die Eieruhr nicht, gewinnt Marvin jeweils einen Punkt.
– Mama ist zu spät, dann erhält Marvin einen Punkt.

3. Gewinnchance

– Für jeweils fünf richtige Rechenaufgaben erhält Marvin einen Punkt.
– Sind fünf Rechenaufgaben nicht vollständig gelöst, dann werden die richtig gelösten Aufgaben auf den nächsten Tag übertragen.
– Maximale Trainingszeit: 15 Minuten. Dafür wird bei Trainingsbeginn ebenfalls von Mama eine Eieruhr gestellt (bei Versäumnis gilt 2.).

Die Punkte können bei Dr. Jacobs eingetauscht werden!

Marvin   Papa   Mama   Dr. Jacobs

---

wiederum Kraft schöpfen und sich noch mehr anstrengen. Um die Lern-motivation zu erhöhen, können auch materielle oder soziale Belohnungen eingesetzt werden (Beispiel vgl. Kasten). Selbstverständlich sollte das Kind auch darin unterstützt werden, in anderen Bereichen Stärken zu ent-decken (z. B. in Sport) und diese Neigungen zu realisieren.

Marvin hatte große Probleme, mit dem Üben zu beginnen und ausreichend viele Aufgaben in angemessener Zeit zu berechnen. Das Üben zog sich daher immer sehr lange hin. Durch den Werder-Gewinnvertrag (Marvin erarbeitete sich Eintrittskarten für die Heimspiele von Werder Bremen) wurde Marvin motiviert, effektiv zu üben. Ob und wie gut eine solche Ver-einbarung gelingt, hängt auch davon ab, dass die Eltern konsequent die Trainingszeiten einhalten. Die Kinder lernen so am Modell der Eltern.

13 Wer führt die Therapie durch?

Gute Dyskalkulie-Therapeuten sind über anerkannte Fachverbände zer-tifiziert, etwa dem Fachverband für integrative Lerntherapie (FiL). Hier kann man auch auf der Website *http://www.lerntherapie-fil.de/lernthera-peuten_daten.php* Therapeutenadressen erfahren. Es existieren auch wei-tere Links, wobei schlecht beurteilt werden kann, wie es um die Qualität der angebotenen Inhalte steht. Die Links im folgenden Kasten stellen ein kleine Auswahl des Angebotes dar, allerdings ohne Anspruch auf Vollstän-digkeit.

Auswahl einiger Internetadressen mit Angeboten zur Diagnostik und Therapie der Dyskalkulie
http://www.rechenschwaeche-oldenburg.de
http://www.lerntherapeutischepraxis.de
http://www.praxis-steinkopf.de
http://www.iml-hamburg.de
http://www.zahlbegriff.de
http://home.snafu.de/wehrmann/rechenschwaeche.html
http://www.rechenschwaecheinstitut-volxheim.de
http://www.rechenschwaeche.at/dys/definition.htm
http://www.ztr-rechenschwaeche.de/index.php?article_id=28&clang=0
http://www.itr-stuttgart.de/seiten/adressen.html

http://www.rechenschwaeche.org
http://www.zahlensinn.de
http://pte.de
http://www.bvl-legasthenie.de
http://www.zdb-bonn.de/index1.htm
http://dyskalkulietherapie-essen.com
http://www.ginko-bonn.de
http://www.irtberlin.de
http://www.ztr-rechenschwaeche.de
http://www.rechenschwaeche-bremen.de
http://www.os-rechenschwaeche.de/index.htm
http://www.ptz-hofheim.de
http://www.itr-mannheim.de
http://www.rechenschwaeche-hannover.de
http://www.dyskalkulie-marburg.de
http://www.millernium.de

Ausdrücklich muss darauf hingewiesen werden, dass der Beruf des Lerntherapeuten nicht geschützt ist. Dies bedeutet, dass keine generellen Standards für diese Ausbildung existieren. Fachverbände wie etwa der FiL setzen hier hohe Maßstäbe an die Qualität der Ausbildung an. Nicht alle Ausbildungsanbieter folgen diesem Beispiel in gleicher Weise. Eine gute Ausbildung sollte neben einem ausreichenden Theorieumfang auch Praxisnachweise und Supervision verlangen. Die Ausbildungsdauer umfasst dann in der Regel etwa drei Jahre. Scheuen Sie sich daher nicht, den Lerntherapeuten nach seiner Ausbildung zu fragen.

14 Was geschieht in der Therapie?

Eine integrative Dyskalkulie-Therapie sollte neben einem Rechentraining auch eine umfassende Elternberatung und ein verhaltenstherapeutisches Training zum Motivationsaufbau beim Kind umfassen. Sollte das Kind auch Defizite in den neuropsychologischen Basisfunktionen „Gedächtnis" und „Aufmerksamkeit" sowie „visuell-räumliche Wahrnehmung" aufweisen, dann kann auch ein neuropsychologisches Training mit dem Kind angemessen sein. Zum diagnostischen und therapeutischen Vorgehen liegen erste Ausarbeitungen zu Leitlinien vor, durch die Betroffene oder Eltern einen Einblick in wissenschaftlich begründete Vorgehensweisen gewinnen können (vgl. Jacobs & Petermann, 2007).

Prinzipiell sollten Eltern vor dem Beginn der Förderung von dem Therapieinstitut, meist ein Institut für Lerntherapie oder ein spezielles Institut für Dyskalkulie-Therapie, detaillierte Informationen über die Ziele, Vorgehensweisen und Materialien der Förderung erfragen. In der Regel dürfte das Streben eines Instituts, den Eltern umfassend Einblick zu gewähren, ein Qualitätsmerkmal darstellen. Auch der Wunsch der Eltern, an einzelnen Maßnahmen der Förderung (als Beobachter) teilnehmen zu wollen, bildet ein legitimes Interesse und sollte von einem Institut ohne Zögern erfüllt und gewünscht werden.

Obwohl die heute eingesetzten Förderprogramme in der Regel nicht wissenschaftlich auf ihre Wirksamkeit überprüft wurden, sollten sie nicht generell zu kritisch bewertet werden – hier braucht die Dyskalkulie-Therapie noch Jahre um diese bedauernswerte Lücke schließen zu können. In den nächsten Jahren sollte man jedoch folgende Merkmale zur Kennzeichnung einer hinreichenden Qualität beachten.

Qualitätsmerkmale für eine Dyskalkulie-Therapie

- Transparenz
(Warum, wird wie behandelt? Welche Ziele werden jeweils mit den einzelnen Therapieschritten verfolgt? Wie sieht der langfristige Therapieplan aus?).
- Fähigkeit des Dyskalkulie-Therapeuten auch umfassende Testprofile interpretieren zu können und daraus einen Therapieplan abzuleiten.
- Psychoedukation
(umfassende eltern- und kindgerechte Aufklärung über das Störungsbild).
- Kenntnisse und Beratung über Begleiterkrankung und Behandlungsmöglichkeiten auch außerhalb der Dyskalkulie-Therapie.
- Engmaschiges regelmäßiges Einbeziehen von Eltern und Schule.
- Verwendung und Verzahnung lern- und verhaltenstherapeutischer sowie neuropsychologischer Therapiestrategien.
- Einsatz verhaltenstherapeutischer Techniken zur Motivierung
(etwa: Erstellen eines Therapievertrages zwischen Eltern, Kind und Therapeut, Einsatz von Punkteplänen, Festlegen von Belohnungen/ Verstärkern, Trainingszeit und -ort zu Hause sowie einer Zielhierarchie).
- Umfassende didaktische und methodische Kenntnisse beim Vermitteln von Rechenkenntnissen.
- Zwischen- und Abschlussuntersuchung mit quantitativen Verfahren zur Erfassung des Leistungsstandes und zur Festlegung eventueller weiterer Therapieschritte.
- Regelmäßige systematische Aufgabenstellungen, die das Kind zu Hause üben soll. Dies fördert die Sicherheit und Geschwindigkeit beim Abruf von Fakten (etwa $4 \times 4 = 16$), aber auch die Routine beim Durchlaufen von Rechenwegen (etwa: Wenn ich 3×13 rechnen soll, muss ich zuerst 3×10 rechnen, das ist 30, die merke ich mir; dann rechne ich 3×3, das ist 9, jetzt rechne ich $30 + 9$, das ergibt 39, nun kontrolliere ich noch mal, das habe ich klasse gemacht.
- Beratung bei Schullaufbahnfragen
(etwa: Welche weiterführende Schule ist geeignet?).
- Beratung über Möglichkeiten der Kostenübernahme durch das Jugendamt (§ 35a SGB VIII – Verweis an geeignete Gutachter).

Abschließend muss auf einige Punkte hingewiesen werden, die Sie generell bei der Wahl eines Therapieinstituts beachten sollten: Seien Sie bitte zurückhaltend, wenn man Ihnen durch langfristig laufende Therapieverträge (also gegen viel Geld) eine Heilung der Rechenstörung in Aussicht stellt. Die Unterstützung und Behandlung Ihres Kindes ist – für alle Beteiligten – harte „Arbeit", das heißt, es existieren weder „Wunderpillen" noch psychotherapeutische „Zaubermethoden". Institute oder lerntherapeutische Praxen, die nicht über den Tellerrand schauen, also nicht auch mögliche Begleiterkrankungen kennen beziehungsweise berücksichtigen, sollten mit Skepsis betrachtet werden, ebenso wie solche, die keinen Einblick in die Wirkungsweise ihres therapeutischen Vorgehens vermitteln.

15 Wer zahlt eine Therapie?

Liegt nur eine Rechenstörung vor, die nicht durch psychosoziale Bedingungen erschwert wird, reicht in der Regel eine schulische oder sonderpädagogische Förderung aus. In den übrigen Fällen besteht nach den Vorgaben des Sozialgesetzbuches (SGB V) ein Anspruch auf außerschulische Förderung. Dieser Anspruch, der gegenüber dem Jugendamt realisiert werden kann, ist in § 35a (SGB VIII, ehemals KJHG, Kinder- und Jugendhilfegesetz; SGB VIII, Arbeitsgemeinschaft für Jugendhilfe, 3., erweiterte und geänderte Auflage, Berlin, 2005) geregelt (vgl. Kasten).

Gesetzestext des §35a SGB VIII Eingliederungshilfe für seelisch behinderte Kinder und Jugendliche

Absatz 1

Kinder und Jugendliche haben Anspruch auf Eingliederungshilfe, wenn

1. ihre seelische Gesundheit mit hoher Wahrscheinlichkeit länger als sechs Monate von dem für ihr Lebensalter typischen Zustand abweicht, und

2. daher ihre Teilhabe am Leben in der Gesellschaft beeinträchtigt ist oder eine solche Beeinträchtigung zu erwarten ist.

Von einer seelischen Behinderung bedroht im Sinne dieses Buches sind Kinder und Jugendliche, bei denen eine Beeinträchtigung ihrer Teilhabe am Leben in der Gesellschaft nach fachlicher Kenntnis mit hoher Wahrscheinlichkeit zu erwarten ist.

Absatz 2

Hinsichtlich der Abweichung der seelischen Gesundheit nach Absatz 1 Satz 1 Nr. 1 hat der Träger der öffentlichen Jugendhilfe die Stellungnahme

1. eines Arztes für Kinder- und Jugendpsychiatrie und -psychotherapie,
2. eines Kinder- und Jugendpsychotherapeuten oder
3. eines Arztes oder Psychologischen Psychotherapeuten, der über besondere Erfahrungen auf dem Gebiet seelischer Störungen bei Kindern und Jugendlichen verfügt,

einzuholen. Die Stellungnahme ist auf der Grundlage der Internationalen Klassifikation der Krankheiten in der vom Deutschen Institut für Medizinische Dokumentation und Information herausgegebenen deutschen Fassung zu erstellen. Dabei ist auch darzulegen, ob die Abweichung Krankheitswert hat oder auf einer Krankheit beruht. Die Hilfe soll nicht von der Person oder dem Dienst oder der Einrichtung, der die Person angehört, die die Stellungnahme abgibt, erbracht werden.

Nach dieser gesetzlichen Vorgabe steht einem seelisch behinderten oder einem von einer solchen Behinderung bedrohtem Kind, ein Anspruch auf Eingliederungshilfe zu. Wann aber liegt eine solche seelische Behinderung vor? Hier sind Kinder gemeint, die etwa eine oder mehrere der folgenden Beeinträchtigungen aufweisen:

– Ängste (etwa Schulangst, Prüfungsangst, soziale Ängste),
– stark gemindertes Selbstwertgefühl,
– Depression oder
– Verhaltensstörungen (etwa starkes Trotzverhalten, Lügen, Stehlen, Gewalt gegenüber Gegenständen, Tieren oder Menschen).

Dabei muss jedoch beachtet werden, dass kein anderer Leistungsträger Vorrang hat. Das bedeutet, dass – wenn etwa eine Angststörung diagnostiziert wird – zunächst die Krankenkasse zahlungspflichtig wäre; also eine Kinder- und Jugendlichenpsychotherapie durchgeführt werden sollte. Bei den meisten Störungen hat sich die Verhaltenstherapie als besonders wirkungsvoll erwiesen.

Eine seelische Behinderung alleine reicht auch nicht aus, damit das Jugendamt Kosten übernimmt. Vielmehr ist es außerdem notwendig, dass die seelische Behinderung die Teilhabe an der Gesellschaft gefährdet. Von einer Gefährdung der Teilhabe an der Gesellschaft kann etwa gesprochen werden,

- wenn das Kind in der Klasse nicht integriert ist, also ein Außenseiter ist;
- wenn das Kind sich sozial zurückzieht, also nur noch zu Hause ist, sich nicht mit Gleichaltrigen trifft;
- wenn gehäuft Gesetzesübertretungen auftreten (etwa Diebstahl, Sachbeschädigungen).

Um das Vorliegen beziehungsweise Drohen einer seelischen Behinderung, die die Teilhabe an der Gesellschaft gefährdet, zu überprüfen, muss das Jugendamt eine gutachterliche Stellungnahme einholen. In der Praxis werden die Kosten, die für diese Stellungnahme entstehen, häufig nicht vom Jugendamt übernommen. Eltern sollten sich trotzdem bezüglich einer möglichen Kostenübernahme zunächst an das Jugendamt wenden. Häufig erhalten Sie hier Adressen von möglichen Gutachtern. Bei der Auswahl des Gutachters ist eine wesentliche Neuregelung des § 35a SGB VIII zu berücksichtigen. Das Gutachten soll nicht von der Einrichtung erstellt werden, die auch die Behandlung durchführen möchte.

Die Eingliederungshilfe bezieht sich häufig auf eine ambulante Fördermaßnahme, die heute für Kinder mit einer umschriebenen Entwicklungsstörung schulischer Fertigkeiten von einer Vielzahl von Förder- und Beratungsstellen angeboten wird. Aber auch Tageseinrichtungen sowie Internate stellen – bei entsprechender Begründung – eine mögliche Eingliederungshilfe dar.

16 Begutachtung: Was ist zu tun?

Wie bereits erwähnt kann eine Begutachtung nicht von dem Institut vorgenommen werden, das für die Therapie vorgesehen ist. Es ist ein Gutachten durch einen Spezialisten zu erstellen, in der Regel ist dies
– ein approbierter Kinder- und Jugendlichenpsychotherapeut oder
– ein Kinder- und Jugendpsychiater.

Alle Berufsgruppen benötigen einschlägige Erfahrungen in der Erstellung von Gutachten nach § 35a SGB VIII, ehemals § 35a KJHG.

Wenn Sie bei Ihrem Kind eine Rechenstörung vermuten, wenden Sie sich zunächst an den Mathematiklehrer. Häufig erhalten Sie dort Informationen über die Anlaufstelle, die sich im Jugendamt mit der Förderung nach § 35a SGB VIII beschäftigt. Sollten Sie diese Informationen vom Mathematiklehrer nicht erhalten, wenden Sie sich direkt ans Jugendamt und fragen nach der zuständigen Stelle für Förderungen nach § 35a SGB VIII beim Vorliegen von Schulschwierigkeiten.

Vielfach wurde uns von Eltern berichtet, dass sie vom Jugendamt, am Telefon die Auskunft erhalten haben: „Das machen wir nicht mehr, darum müssen sich jetzt die Schulen kümmern." Lassen Sie sich durch solche Auskünfte nicht abwimmeln. Beim Vorliegen der oben genannten Voraussetzungen regelt der § 35a SGB VIII einen Rechtsanspruch, der an keine anderen Bedingungen geknüpft ist. Das heißt, in diesem Falle steht Ihrem Kind eine Förderung zu und es liegt nicht im Ermessen des Jugendamtes zu entscheiden, ob Ihrem Kind eine Förderung zusteht, sondern nur welche Förderung Ihrem Kind zusteht. Dabei muss die Förderung angemessen sein.

Fragen Sie beim Jugendamt nach geeigneten beziehungsweise anerkannten Gutachtern nach, erhalten Sie hier keine Adressen, wenden Sie sich entweder über die Gelben Seiten an dort aufgeführte Kinder- und Jugendlichentherapeuten oder Kinder- und Jugendpsychiater oder an den Schulpsychologischen Dienst. Teilweise können Ihnen auch die behandelnden Institute Gutachter benennen.

Ist das Gutachten erstellt, reichen Sie es zusammen mit einem kurzen Anschreiben beim Jugendamt ein. Weiterhin können beim Antrag nach § 35a SGB VIII hilfreich sein:
- die letzten drei Zeugnisse,
- Stellungnahmen der Schule (etwa des Mathematiklehrers) und
- weitere ärztliche Stellungnahmen (etwa vom Kinderarzt).

Einige Jugendämter verfügen auch über entsprechende Antragsformulare, die Ihnen auf Anfrage zugesandt werden. Auch wenden sich einige Jugendämter noch einmal mit Fragebögen direkt an die Schule. Die Lehrkraft im Fach Mathematik sollte also in jedem Falle vorab von Ihnen informiert werden.

Sollte der Antrag abgelehnt werden, schauen Sie sich die Begründung genau an. Sie haben die Möglichkeit, Widerspruch einzulegen.

17 Kann man Rechenstörungen vorbeugen?

Angemessene Rechenleistungen basieren auf unspezifischen und spezifischen Lernvoraussetzungen, die ein Kind bereits im Kindergartenalter, spätestens jedoch zum Zeitpunkt bei der Einschulung entwickelt haben sollte. Zu den unspezifischen Voraussetzungen gehören eine hinreichende Intelligenzleistung und Gedächtniskapazität sowie die Fähigkeit, Zahlen schnell aufzunehmen und abrufen zu können (= Zahlenverarbeitungsgeschwindigkeit) und eine angemessene visuell-räumliche Wahrnehmung. Darüber hinaus spezifische Voraussetzungen, das heißt vor allem Mengen- und Zahlenvorwissen. Diese spezifischen Voraussetzungen umfassen zumindest die folgenden Bereiche:
- Zahlenfertigkeiten (Vorwärts- und Rückwärtszählen, Vorgänger und Nachfolger von Zahlen bestimmen können),
- Wissen über Regeln beim Umgang mit Zahlen,
- Mengenvorwissen (z.B. die Vorstellung, dass sich eine Menge aus Elementen zusammensetzt, die man zählen und miteinander vergleichen kann) und
- Wissen über Zahlen und erste Rechenfertigkeiten.

Zur Vorbeugung von Rechenstörungen können Sie im Alltag viel selbst tun:
- Fragen Sie Ihr Kind spielerisch nach der Anzahl der Hände, Ohren, Finger, Zehen, Füße und zählen Sie diese laut vor oder gemeinsam.

40

- Üben Sie weitere Zählprozesse im Alltag (etwa beim Tischdecken, wieviel Messer, Löffel, Teller, Brötchen usw. brauchen wir, Schritte von der Küche bis ins Wohnzimmer, Stufen auf der Treppe, Beine von Tieren).
- Übertragen Sie Ihrem Kind früh Aufgaben, wie Brötchen holen oder kleinere Einkäufe und gucken Sie sich dann gemeinsam den Kassenbon an.
- Lassen Sie Ihr Kind im Haushalt Mengen einteilen, etwa beim Auffüllen von Tellern oder Aufschneiden von Kuchen und wiederholen Sie diese Tätigkeiten in Rollenspielen (etwa: Der Teddy, der für die Puppen Spaghetti gekocht hat und jetzt die Teller auffüllt. Verwenden Sie für die Spaghetti irgendwelche Gegenstände aus dem Kinderzimmer etwa Lego-Steine.).
- Spielen Sie Kartenspiele und Würfelspiele. Lassen Sie das Kind austeilen und abzählen, auch wenn es länger dauert.
- Beziehen Sie Ihr Kind in handwerkliche Arbeiten zu Hause mit ein (etwa Zimmer tapezieren, Gartenbeet anlegen, Teppich ausmessen). Haben Sie keine handwerklichen Arbeiten zu erledigen, bauen Sie Puppenhäuser, Burgen, Schiffe, Vogelhäuser und messen alles mit dem Kind aus.
- Üben Sie spielerisch das Ordnen nach Größe (etwa: „Guck mal, das ist dein kleinstes Stofftier, welches ist denn das nächst größere?").
- Verbinden Sie die Begriffe „Geben" und „Wegnehmen" in der Handlung mit „plus" und „minus" (etwa: „Ich gebe dir jetzt drei Karten, plus die zwei Karten, die du vorhin ja schon gesehen hast!" – machen Sie eine kurze Pause und schauen, ob das Kind mit einsteigt – „... genau fünf Karten.").

18 Liste von Fördermaterialien

Die folgende Liste von Fördermaterialien erhebt keinen Anspruch auf Vollständigkeit, vielmehr stellt Sie eine Auswahl aus der Fülle an Materialien dar, die zur Verfügung stehen.

Fit trotz Rechenschwäche im Zahlenraum bis 20 (Gührs, 2004)

Das Buch enthält Grundübungen, die mit der ganzen Klasse durchgeführt werden können, und Förderaufgaben, die sich für Fördergruppen oder Ein-

zeltherapie eignen. Jeder Übung ist eine „Lernstandsermittlung" vorgeordnet. Im Einzelnen umfasst das Buch:
– Erfassen und Umgang mit Mengenbildern (1 bis 10).
– Zerlegung von Zahlen im Zahlenraum bis 10.
– Addition, Subtraktion und Ergänzen bis 10.
– Erweiterung des Zahlenraums bis 20.
– Zehnerübergang.

Finger, Bilder, Rechnen – Förderung des Zahlenverständisses im Zahlenraum bis 10 (Claus & Peter, 2005)

Das Buch stellt den Hamburger Zahlbegriffs- und Rechenaufbau (HamZa-Ra) vor. Das Programm umfasst das Verstehen
– des kardinalen Aspekts von Zahlen (Die Zahl als Bezeichnung einer Anzahl einer Menge.),
– der Zahlzerlegung (hier wird mit Mengen- und Fingerbildern gearbeitet) und
– von Addition und Subtraktion.

Die Rechenhexe

Für die Zahlzerlegung beziehungsweise das Rechnen im Zahlenraum bis 20 ist auch die Rechenhexe geeignet. Diese ist in groß als Lehrermodell

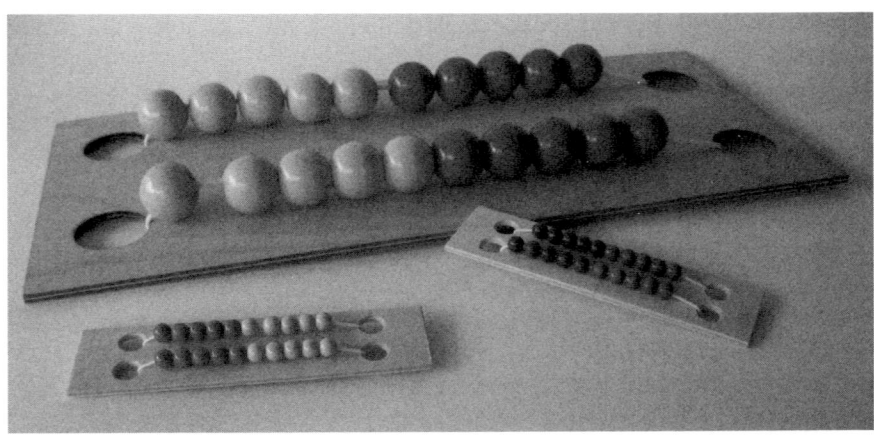

Abbildung 5:
Rechenhexe (Mosaik-Werkstätten)

oder in klein zum Üben für die Schüler erhältlich. Hier ist sehr schön die Grundvorstellung des Erhaltens (Addition) und Wegnehmens (Subtraktion) für die Kinder konkret erfahrbar. Dafür werden die Kugeln durch die Löcher nach hinten oder vorne verschoben.

Abaco oder Zählrahmen Hilfsmaterialien für den Zahlenraum bis 100

Zahlzerlegung mit Mengen können auch mit Rechentafeln im Zahlenraum bis 20 oder 100 geübt werden. Dabei können die Orientierung im Zahlenraum sowie Zählprozesse geübt werden. Hier gibt es verschiedene Anbieter. Beim Abaco 20er oder 100er Zählrahmen vom Schubi Verlag (vgl. Abbildung 6) wird das Wegnehmen beziehungsweise Hinzufügen durch das Drehen der Kugeln erfahrbar. Die Kugeln sind auf einer Seite grau und verschmelzen in dieser Einstellung mit dem grauen Hintergrund des Rahmens, in den sie eingebettet sind. Auf der anderen Seite sind die Kugeln rot oder blau. Die Kugeln sind jedoch nicht herausnehmbar.

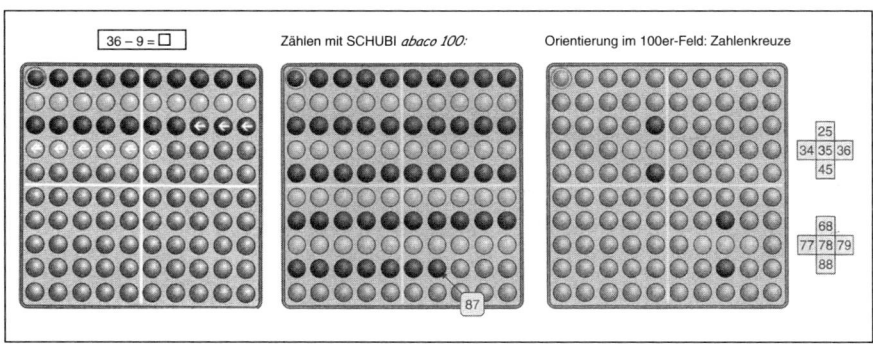

Abbildung 6:
Abaco Zählrahmen (Schubi Verlag)

Bei der Lernothek sind 20er und 100er Tafeln erhältlich (vgl. Abbildung 7), auf denen mit Plättchen gearbeitet wird. Durch das Umdrehen der Plättchen (Die Rückseite ist weiß.) verschmelzen die Plättchen mit dem einlegbaren weißen Hintergrund. Die Plättchen sind aber auch herauszunehmen, so dass das Wegnehmen und Hinzufügen als Grundvorstellung gut durch das Verbinden von tatsächlicher Handlung und Rechenaufgabe im kindlichen Denken verankert werden kann.

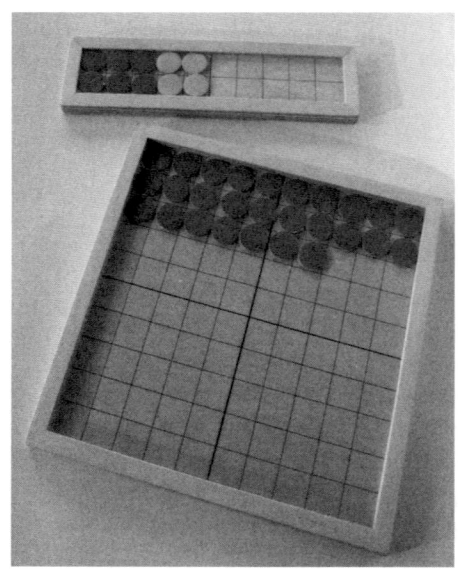

Abbildung 7:
20er und 100er Tafeln (Lernothek)

Montessori-Material – Verbindliches Handbuch für Lehrgangs-teilnehmer (Verlag Nienhuis, 2005)

Das Montessori-Material enthält eine Reihe von konkreten Therapiemate-rialien mit Übungsbeispielen. Im Folgenden soll eine kleine Auswahl vor-gestellt werden:

1. Die *numerischen Stangen* eignen sich für den Erwerb von Mengen- und Zahlbegriffen bis zehn (vgl. Abbildung 8). Einige Übungen zu den nu-merischen Stangen:
   - Das Kind greift eine Stange raus und sagt, welcher Zahl diese ent-spricht.
   - Der Therapeut greift eine Stange raus und das Kind soll die Stange heraussuchen, die zu Zehn oder anderen Zahlen ergänzt.
   - Der Therapeut legt die Stangen ungeordnet hin und das Kind soll schnell die Reihenfolge von eins bis zehn bilden.
   - Das Kind versucht, mit den Stangen Gegenstände im Raum auszu-messen.

Abbildung 8:
Numerische Zahlenstangen

Abbildung 9:
Das goldene Perlenmaterial

2. Für die Einführung ins Dezimalsystem ist das *goldene Perlenmaterial* geeignet (vgl. Abbildung 9). Es besteht aus einzelnen Perlen, einer Zehner-Stange, einer Hunderter-Tafel und einem Tausender-Würfel. Einige Übungen zum goldenen Perlenmaterial:
   - Der Therapeut trägt dem Kind auf: „Gib mir vier Hunderter, drei Zehner, 7 Einer."
   - Der Therapeut greift sich verschiedene Tafeln, Stangen oder Würfel heraus und lässt das Kind die Anzahl/Menge der Perlen bestimmen.

19 Literaturhinweise

Abaco 100er oder 20er der Zählrahmen mit dem genialen Dreh. Schaffenhausen: Schubi Verlag (www.Schubi.com).

Claus, H. & Peter, J. (2005). *Finger, Bilder, Rechnen – Förderung des Zahlenverständnisses im Zahlenraum bis 10.* Göttingen: Vandenhoeck & Ruprecht.

Gührs, L. (2004). *Fit trotz Rechenschwäche im Zahlenraum bis 20.* Lichtenau: AOL-Verlag.

Jacobs, C. & Petermann, F. (2005). *Rechenfertigkeiten- und Zahlenverarbeitungs-Diagnostikum für die 2. bis 6. Klasse – RZD 2-6.* Göttingen: Hogrefe.

Jacobs, C. & Petermann, F. (2007). *Rechenstörungen.* Göttingen: Hogrefe.

Lorenz, J. H. (2003). *Lernschwache Rechner fördern.* Berlin: Cornelsen Scripton.

Montessori-Material (2005). *Mathematik in Kinderhaus und Schule.* Zelhem: Nienhuis.

Rechenhexe. Berlin: Mosaik-Werkstätten für Behinderte gGmbH (www.mosaik-berlin.de).

Rechenrahmen 100er oder 20er. Elsfleth: Lernothek (www.Lernothek.info).

Simon, H. (2005). *Dyskalkulie – Kindern mit Rechenschwäche wirksam helfen.* Stuttgart: Klett-Cotta.

Andreas Warnke / Uwe Hemminger
Ellen Roth / Stefanie Schneck

Legasthenie – Leitfaden für die Praxis

Begriff – Erklärung – Diagnose – Behandlung – Begutachtung

2002, 132 Seiten, € 19,95 / sFr. 34,80
ISBN 3-8017-1497-7

Der Leitfaden bietet praxisorientierte Hinweise zur Diagnostik, Erklärung, Prävention und Behandlung der Legasthenie. Weiterhin werden Fragen der Begutachtung, Finanzierung und Eingliederungshilfe behandelt. Sozialrechtliche Hinweise, Übersichten zu diagnostischen Verfahren sowie themenbezogene Literaturhinweise runden den Band ab.

Andreas Warnke / Uwe Hemminger / Ellen Plume

Ratgeber Lese-Rechtschreibstörungen

Informationen für Betroffene, Eltern, Lehrer und Erzieher

(Reihe: »Ratgeber Kinder- und Jugendpsychotherapie, Band 6«)
2004, 40 Seiten, € 5,95 / sFr. 10,50
ISBN 3-8017-1635-X

Der Ratgeber bietet allgemeinverständliche Informationen zur Erkennung, zu den Ursachen, zu familiären und schulischen Hilfen sowie zur Therapie der umschriebenen Lese- Rechtschreibstörung (Legasthenie). Er informiert weiterhin über schul- und sozialrechtliche Bestimmungen und dazugehörige Begutachtungsverfahren. Die Broschüre bietet Eltern und Fachleuten zahlreiche Hinweise, was getan werden kann, wenn ein Kind Schwierigkeiten beim Erlernen des Lesens und Rechtschreibens hat.

Hogrefe Verlag GmbH & Co. KG
Rohnsweg 25 · 37085 Göttingen · Tel: (0551) 49609-0 · Fax: -88
E-Mail: verlag@hogrefe.de · Internet: www.hogrefe.de

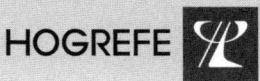

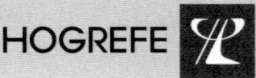